LES DÉPUTÉS DU JURA SOUSSIGNÉS

A LEURS COLLÈGUES,

MEMBRES DES DEUX CONSEILS.

RÉPONSE

A un écrit distribué le 19 nivôse, ayant pour titre : *Réclamation des Républicains du Jura, réfugiés à Paris, contre les auteurs du systéme royal d'oppression mis en action en 1789 dans ce département, suivi depuis avec opiniâtreté, et perfectionné après le 18 fructidor.*

Iʟ est un terme où la patience devient lâcheté, et le silence un crime. Pendant que nos adversaires se sont bornés à se déchaîner contre nous, à nous déchirer dans des papiers publics, le sentiment de la dignité de nos fonctions, la crainte de réveiller des haines, et sur-tout de rendre le courage ou l'espoir à la faction royale que nous avons constamment combattue, et que nous voudrions étouffer, nous prescrivoient de nous taire. Nous avons supporté jusques à ces infames placards qui nous transformoient en assassins de l'immortel Bonaparte, de ce

A

héros que l'univers admire , et jalouse à la France. . . . . Monstres ! il est vertueux ; . . . . ses jours ne peuvent être menacés que par le crime : . . . . ceux de
tous les amis de la vertu , de tous les vrais républicains lui sont dévoués.

Vous apprécierez , nos collègues , ce qu'il nous en a coûté d'efforts pour com-
primer notre indignation. Le même devoir qui nous commandoit le silence , nous
prescrit aujourd'hui de le rompre ; l'audace des conjurés s'est accrue , ils se
montrent à découvert, ils ont signé leurs dénonciations ; nous nous hâtons de
vous les faire connoître.

Notre marche sera simple. Après avoir dévoilé nos vils détracteurs , nous déve-
lopperons le plan *astucieusement perfide* qu'ils ont adopté ; nous détruirons
leurs atroces imputations , et nous vengerons notre département des calomnies
déversées sur lui.

§ PREMIER.

Notices sur les dénonciateurs.

Les signataires de l'écrit auquel on répond , sont au nombre de neuf : GENISSET ,
BUCHOT, GALLON, LÉMARE, LAUCHÉT, RUTY, ROLAND père, ROLAND fils
cadet, DAYET.

Si nous n'avions à éclairer que le département du Jura et ceux qui
l'avoisinent, il nous auroit suffi d'avoir nommé nos détracteurs. Leurs noms
seront pour long-temps , dans ces contrées , un signal d'effroi ; ils sont insépa-
rables de l'idée de tous les excès ; mais nous devons à nos collègues et au gouvernement des lumières sur des hommes qui leur sont inconnus; nous devons leur
apprendre , et ce qu'ils ont fait , et ce qu'ils peuvent oser.

Ces hommes accollent pompeusement à leurs signatures les titres d'*ex*-adminis-
trateur, d'*ex*-commissaire, d'*ex*-procureur général, d'*ex*-juge, d'*ex*-secrétaire (1).
Ces fonctions ne leur furent point déléguées par le peuple, ils les dûrent au régime révolutionnaire ; et si deux d'entr'eux furent nommés *commissaires* par le
gouvernement , ils ont été destitués aussitôt qu'ils lui ont été connus (2).

Comme ils se montrent si jaloux de titres et de qualifications, on a lieu de
s'étonner qu'ils n'aient pas fait parade *de leurs prénoms de Marat* qu'ils avoient
juré solemnellement de conserver (3) ; mais ils appartiennent aux événemens et aux
circonstances.

Ils s'annoncent comme *des républicains réfugiés à Paris* pour implorer du

---

(1) La loi défend de prendre ces qualités.
(2) Lémare est agent d'une commune de campagne.
(3) Voyez le rapport fait par Lauchet aux représentans du peuple, pièces justificatives.

secours contre l'oppression. D'où part donc cette oppression ? N'ont-ils pas exercé pour la plupart des fonctions publiques ? n'ont-ils pas résidé dans le Jura depuis le 9 thermidor ? n'ont-ils pas joui de la plus grande sécurité ? L'intrigue seule les réunit à Paris. Lémare, agent actuel de sa commune, est-il à son poste ? Ils se disent opprimés : des pièces authentiques, leur propre ouvrage, démontrent qu'ils furent les oppresseurs, les tyrans du Jura ; il est temps de les signaler individuellement.

Genisset et *Lémare* se sont peints eux-mêmes dans le compte qu'ils ont rendu de leur mission dans les ci-devant districts d'Orgelet et de Saint-Claude.

Ils étoient envoyés par la commission départementale séante à Dôle, pour faire les changemens prescrits par un arrêté des représentans du peuple *Bassal* et *Bernard*, qui destituoit et remplaçoit nominativement quelques fonctionnaires publics. *Là se bornoit leur pouvoir ;* ils en ont étrangement franchi les bornes ; le despote le plus absolu, enivré de sa puissance, ne porte pas plus loin le délire et la tyrannie. Cette pièce, imprimée et distribuée, est d'une singularité si frappante, que personne ne se dispensera de la lire en entier. Nous n'en citerons ici que quelques fragmens.

« Les plus brillans succès ont suivi nos opérations, *et légitimé les moyens* » auxquels nous avons eu recours.

» Nous avons commencé par Saint-Amour. . . . . . .On avoit su nous prévenir » par des menaces ; nous répondons *par dix-huit mandats d'arrêt, qui nous de-* » *vancent.* . . . . . . Nous entrons dans la ville, *précédés de la terreur.* . . . . . . » Différens citoyens et citoyennes parlent en faveur des suspects. . . . . . . Nous » montâmes à la tribune ; pour y parvenir, nous franchîmes des escadrons de » femmes et de filles, d'enfans éplorés, et *comme prosternés à nos genoux ;* » nous récapitulâmes les traits de la vie des destitués et des détenus. . . . . . » Quelques malveillans voulurent élever la voix, quatre mots les terrassèrent.

» Nous accusâmes le peuple de lâcheté, etc., etc.

» Nous dirigeâmes nos pas vers Saint-Julien. . . . . . Nous désarmâmes cette » commune contre - révolutionnaire ; nous y pérorâmes le peuple assemblé par » nos ordres ; nous commençâmes ainsi :

» Nous savons que nous sommes ici dans un repaire de brigands : que pré- » tendez-vous faire ? Au défaut de la raison, *les flammes de Lyon ne peuvent-* » *elles vous éclairer ?* savez-vous qui vous êtes ? Un quart d'heure suffiroit pour » raser votre village, et vous mériteriez peut-être tous d'être conduits en cap- » tivité ; on n'y conduira que vos chefs : après cela tremblez. Si vous n'aimez la

A 2

» République , vous serez frappés dans vos biens , dans vos bestiaux , dans vos
» personnes.

» Ce peuple avoit *un air de stupeur qui épouvantoit* ; il déposa ses armes ; il
» se soumit, et en fut quitte pour livrer ses chevaux de luxe et ses chefs (1).

» Nous descendîmes à Morez ; nous y reçûmes des dépêches de Saint-Amour,
» par lesquelles on nous annonçoit *que Dubois - Crancé et Gauthier s'étoient*
» *permis* de mettre en liberté deux contre-révolutionnaires de Saint-Amour, contre
» lesquels nous avions lancé des mandats d'arrêt (2). Les pièces étoient jointes
» à la dépêche.

» Nous ordonnâmes au comité de surveillance de remettre en arrestation les deux
» individus relâchés (3) ; nous écrivîmes en ces termes à *Dubois - Crancé* et
» à *Gauthier* (de l'Ain).

Citoyens,

« Nous venons d'apprendre que vous avez donné des ordres pour faire rendre
» la liberté aux nommés Dumolard et Bernard, ci - devant de Dompsure, dont
» le premier est un homme suspect, le second un royaliste et un contre-révolu-
» tionnaire (4) ; *nous ne nous imaginions pas* que vous vouliez jouer le rôle de
» *protecteurs* ; nous sommes *surpris* que vous étendiez votre jurisdiction sur un
» pays où vous n'en pouvez exercer aucune : *l'opinion publique*, les comités de
» surveillance ; voilà les juges suprêmes. . . . . *Tous les pouvoirs sont*
» *confondus* ; nous vous invitons à battre les Lyonnais, et à laisser les gens suspects
» en prison. » Cet étrange langage ne convenoit pas mal à des hommes qui n'avoient
pas même une ombre de pouvoir.

On vient de voir Genisset dans son association avec Lémare ; on va le voir seul
avec son caractère de duplicité, de fourberie, changeant au gré du temps, des
événemens ; dénonçant et signalant ses complices comme des contre - révolutionnaires, des brigands ; ceux même qu'hypocritement il affecte aujourd'hui de

---

(1) Il n'y avoit dans cette commune que des agriculteurs ; mais ils entendoient par chevaux
de luxe ceux qui servoient à l'agriculture, lorsqu'ils étoient entre les mains des individus qu'ils nom-
moient suspects ou égoïstes ; ils prenoient même les jumens pleines, qui cependant n'étoient pas
envoyées aux armées.

(2) Ils n'avoient pas le droit de lancer des mandats d'arrêt : bien moins encore d'enfreindre
les ordres des représentans du peuple ; mais tout acte de justice répugnoit à leur système : voilà
donc une étrange usurpation d'autorité.

(3) Tel est le respect qu'ils avoient pour la représentation nationale.

(4) Bernard étoit juge-de-paix, et il avoit infligé, en cette qualité, une peine correctionnelle à Lémare : de là la haine et la vengeance.

pleurer, comme d'illustres martyrs de la liberté : transcrivons ses propres termes, extraits d'un rapport imprimé, par lui fait aux représentans du peuple délégués dans le Jura, le 8 germinal an 2.

« Le chef de cette exécrable ligue, l'infame Rigneur, cet être avili par la cor-
» ruption, *et soudoyé par nos ennemis*, connu long-temps avant la révolution pour
» un homme sans foi, sans mœurs.

» L'infame Vaucher demandoit huit cents têtes ; on ne devoit pas s'attendre à
» un délire plus affreux. . . . . . Trois jours après il en porte le nombre jus-
» qu'à quinze cents. . . . . . . Que prétendent-ils donc ! *Veulent-ils noyer le*
» *Jura dans le sang pour se couvrir de ses dépouilles ?* Veulent-ils déshonorer la
» France aux yeux de l'univers ? Veulent-ils, à force de crimes, justifier Brissot
» et ses complices ?

» Il suit de ce rapport, qu'il existe à Lons-le-Saunier une branche de la grande
» conspiration qui vient d'être déjouée à Paris (la faction d'Hébert) (1) ; que Ri-
» gneur en est le principal agent ; qu'il a pour complices Hugues, administrateur
» du district, *ex-séminariste et vraiment digne du sacerdoce* ; *Ruty*, ci-devant
» tailleur d'habits, également administrateur, et digne collègue d'Hugues ; *Lami*,
» le sanguinaire *Vaucher*, *Roch*, *l'astucieux* ; *Pisler*, autrichien de naissance,
» membres du comité ; Vuillermot ainé, homme du conseil, et avocat de la fac-
» tion, etc., etc., que je dénonce pour avoir favorisé le plan de corruption des
» citoyens, de subversion des pouvoirs et de l'esprit public, pour avoir attenté à
» la dignité du peuple français dans la réputation de ses représentans, *pour*
» *s'être rendus coupables d'abus de pouvoirs* et de prévarication dans leurs fonc-
» tions respectives. »

Il n'est pas de circonstance où ce protée, ce caméléon n'ait changé de forme et de langage au gré de son ambition.

Dans un autre de ses rapports, imprimé quelques mois auparavant (celui où est consigné leur serment solemnel d'association sous la bannière de *Marat*), il encensoit *Vuillermot* sous les rapports de son civisme.

Ce même *Ruty* qu'il signale avec horreur, est aujourd'hui un des neuf co-signataires et de nos dénonciateurs : n'a-t-on pas vu, à d'autres époques de la révolution, ce même *Genisset* adresser une églogue à Terrier-Monciel, en style d'esclave ?

Tout récemment encore, avant et après le 18 fructidor, n'est-il pas venu nombre de fois chez les députés du Jura les solliciter de s'intéresser auprès du gouvernement pour lui obtenir une nouvelle place ? N'étoit-il pas porteur de

____

(1) On remarquera sans doute ceux qu'il désigne comme chefs de la conspiration.

brillantes attestations *de l'administration centrale, destituée* depuis le 18 fructidor? Ne nous annonçoit-il pas qu'il obtiendroit une lettre de recommandation de Bouvier président de cette administration pour Pichegru , si la députation vouloit s'intéresser en sa faveur? N'écrivoit-il pas à plusieurs d'entre nous qu'il supposoit devoir être consultés sur le choix des remplacemens , qu'il s'en félicitoit, parce qu'ils pourroient être à même de lui être utiles? Le refus de ce service a ranimé sa fureur, et provoqué sa vengeance.

Lémare n'a jamais dévié de ses principes d'immoralité ; sur ses pas il semoit la corruption et le crime ; il ne prêchoit que *désordre* , massacre et pillage.

Il ne déniera pas que , dans un club tenu à Dole , il fit la motion de couper les têtes de Vernier et Grenot qui venoient d'être nommés députés à la Convention , et , plus encore , d'égorger ceux des électeurs qui s'y opposeroient (1).

Il a avili à Orgelet les ministres de la justice ; il les a traités de brigands , parce qu'ils faisoient des poursuites contre des spoliateurs d'effets nationaux ; il fit disparoître les pièces de la procédure, prétendit en pleine société populaire que le vol ne pouvoit être reproché à des républicains, engagea les sans - culottes à former une sainte ligue contre quiconque oseroit les accuser.

On tire le voile sur une infinité d'autres excès auxquels il s'est livré. L'indignation publique étoit à son comble , lorsque le représentant du peuple *Besson* , arrivé dans le Jura , le fit arrêter et traduire pardevant le tribunal criminel. Son arrêté en date du 25 frimaire an 3 , porte « Qu'il résulte des informations que » Lémare est un *anarchiste* ; qu'il a prêché le *pillage* dans la commune de Salins ; » qu'il a *abusé* des fonctions publiques dont il étoit revêtu comme administra- » teur ; qu'il a *provoqué* des listes de proscription dans le district d'Arbois ; » qu'il a cherché à avilir la représentation nationale. »

Un jury prononça qu'il y avoit lieu à accusation ; il s'évada des prisons , et l'amnistie vint le soustraire à la peine. Les pièces sont déposées au greffe du tribunal criminel, où l'on voit encore que , dans une procédure instruite contre les nommés *Buclet et Roche* , condamnés par un premier jugement à six ans de fers , Lémare , agent de la commune de Saint-Pierre , avoit trompé la municipalité de Saint-Laurent , en faisant délivrer des passe-ports à ces criminels échappés des prisons ; ceux-ci , repris , ont, dans leur interrogatoire , avoué ce fait déja

---

(1) On peut juger, d'après ce trait, s'il est familiarisé avec les idées d'assassinat ; ce qui ouvre le plus vaste champ aux conjectures sur l'auteur de l'affiche mise le jour de la fête donnée par le Corps législatif au héros italique ; affiche qui a été renvoyée au Directoire pour en faire poursuivre les auteurs.

prouvé par les débats : un dernier jugement les a condamnés à quatorze ans de fers , et le jugement a été confirmé.

Lauchet a eu ses raisons pour ne pas dire , 1º. qu'il avoit été secrétaire du comité de sûreté générale , *et révoqué* ; 2º. qu'il avoit été nommé commissaire près le tribunal de police correctionnelle à Dole , et *destitué* , non pas sous le ministre Cochon , comme il l'avance , mais sous le ministre de la justice Merlin.

On lui fait grace de sa conduite avant la révolution , qui annonçoit déja un homme corrompu et profondément immoral ; mais, à ne dater que de cette époque, on voit un homme qui n'a pu se soutenir dans aucune des places qu'il a occupées. Il est de notoriété dans le Jura qu'ayant été nommé juge-de-paix , il se choisit un greffier, auquel il devoit 40 écus ; celui-ci les ayant répétés , Lauchet lui répondit que la place à laquelle il l'avoit nommé valoit bien cette somme.

Il est également notoire qu'il a dénoncé et fait conduire au tribunal révolutionnaire et à l'échafaud le citoyen Courtot , curé assermenté et patriote , vieillard plus que septuagénaire , et son bienfaiteur. Lauchet avoit un oncle, prêtre réfractaire , qui faisoit des prosélytes à Champvans et dans les environs ; la présence du curé constitutionnel gênoit l'oncle, le neveu s'en défit.

Administrateur du département , il refusa de signer l'adresse d'adhésion à la condamnation du roi. Sa place de premier secrétaire du comité de sûreté générale a notablement influé sur l'augmentation de sa fortune ; et , peu après le 9 thermidor et sa destitution , il revint à Dole les cheveux en cadenettes , cravatte , collet verts , flagornant les aristocrates.

Pour abréger , on peut le juger d'après le portrait qu'en ont tracé les *Genisset et Lémare ses collègues* , aujourd'hui ses complices. Dans un arrêté de la commission administrative du Jura , séante à Dole , du 3 pluviôse an 2 , ils le dénoncèrent à la Convention nationale , aux jacobins et au comité de sûreté générale. Entre autres choses on lit dans cet arrêté : « Il a , étant administrateur, voulu, malgré la loi, » et contre le vœu du peuple , conserver la place de juge ; il nous a constamment » paru un *intrigant* , *un muscadin* , *un protecteur des aristocrates* bourgeois , » *un homme souple et violent* , *tour-à-tour démagogue ou modérantiste*. »

Ils terminent par dire : « Lauchet est, à nos yeux , aux yeux du peuple , un » ennemi du peuple. »

L'abbé Buchot , régent de basse classe à Lons-le-Saunier , n'a marqué dans la révolution qu'à l'époque du 31 mai ; il s'attacha au sort de Dumas , président du tribunal révolutionnaire. Il joua un grand rôle dans les troubles du Jura ; par le crédit de son protecteur , il fut nommé procureur général de la commission centrale établie à Dole. Cette fonction fut supprimée , il vint à Paris ; Dumas le présenta à Robespierre comme propre à remplir ses vues ; le *porte-feuille des affaires étrangères lui fut confié ;* forcé de le quitter au 9 thermidor , il a repris les fonctions d'instituteur , sans rien perdre de son goût pour l'intrigue et les conspirations.

Ruty , tailleur d'habits , *ex*-administrateur , ne peut être mieux connu que par l'effrayant tableau des malheurs du Jura , tracé par Genisset lui-même le 8 germinal an 2 ; il y est présenté comme un des principaux chefs de la faction scélérate qui désoloit encore cette contrée , et partageoit d'avance nos propriétés. (*Voyez la pièce justificative n°. 4.*)

Roland père avoit servi quelques années dans la milice ; depuis plus de vingt ans il avoit abandonné le service , quand (par la protection du ministre Montbarrey) il obtint un brevet de capitaine vétéran , et une pension militaire qu'il avoit sans doute gagnée en percevant avec la plus grande dureté le produit des droits féodaux dans la vaste terre de Saint-Laurent , appartenante à la famille d'Isinghien ; ce qui lui avoit attiré l'inimitié de tous les cantons voisins (1).

Assuré de ne pouvoir arriver aux fonctions publiques par le choix du peuple , il crut y parvenir en se dévouant sans réserve aux brigands , aux apôtres du pillage ; il renchérissoit dans les clubs sur les motions les plus iniques et les plus sanguinaires ; il s'attira une animadversion générale.

Roland fils , cet homme *aux deux coups de sabre* (2) , nommé sous-lieutenant au soixante-huitième régiment d'infanterie de ligne , le 18 août 1792 , en fut renvoyé par ses compagnons d'armes sur la fin de 1793. On sait que les soldats ne congédioient de leur corps que les officiers qui ne professoient pas les principes républicains. Il vint à Paris , fit sa cour à Dumas , et réussit , à force d'intrigues , à devenir portier du comité de salut public ; il fut ensuite nommé adjoint de Rebours, commissaire des secours publics , qui enleva la caisse de cette commission, et s'enfuit à l'époque du 9 thermidor. Roland fut destitué de cette espèce de ministère ; à force de souplesses il est redevenu commis dans l'un des bureaux de cette commission.

Gallon , instituteur dans le même pensionnat que Buchot , veuf avant la révolution , se fit prêtre dès lors ; il abjura , se remaria , et a depuis dit - on divorcé.

---

(1) La révision doit alarmer ceux qui ont surpris de telles pensions.

(2) Il ne dit pas ni pourquoi , ni quand , ni comment il les a reçus.

A

A juger de cette femme par ses liaisons actuelles, on peut déja se faire une idée de sa moralité, en attendant des renseignemens plus positifs sur sa conduite politique.

Quant à *Dayet* (se disant négociant), jusqu'à présent il nous est absolument inconnu : ne voulant rien avancer que de certain, sa nullité et son obscurité nous le dérobent pour le moment.

Voilà ce que ces hommes ont été depuis la révolution (1), et ce qu'ils sont encore aujourd'hui : par là on jugera aisément de ce qu'ils peuvent être à l'avenir, et de ce que l'on en doit attendre.

Si l'on suit ces brigands d'un œil attentif, on les voit marchant constamment dans le crime, se faire un trophée de leur égarement et de leur perversité : aussi ont-ils été successivement expulsés de tous les postes qu'ils ont occupés.

On voit que *Buchot* n'a rendu d'autre service à la révolution que par son dévouement au tyran *Robespierre* et au cruel *Dumas*.

On voit *Roland père* se pavaner du titre de capitaine vétéran, à l'abri duquel il a obtenu une pension d'une cour corrompue.

On voit *Roland fils* oublier pour quelle cause il a été renvoyé de son corps, et dissimuler qu'il ne doit qu'à la protection de nos tyrans les différens postes qu'il a occupés dès lors.

On voit *Ruty* au désespoir de n'avoir plus à sa disposition les biens de la République.

On voit ces monstres aux prises entre eux s'entre - déchirer, s'entre - dévorer mutuellement.

On voit *Lauchet* accusé par *Lémarc et Genisset* ; *Lémare* destitué et poursuivi pour abus de pouvoir.

On voit *Genisset* dénonçant *Hugues et Ruty* comme enrichis des dépouilles publiques ; ceux-ci à leur tour accusant *Genisset* : tant il est vrai que, par une suite de cet ordre immuable qui régit l'univers, les méchans sont perpétuellement en guerre entre eux, comme avec leur propre conscience, mais toujours prêts à se réunir quand il s'agit de coopérer à de nouveaux forfaits !

Tels sont ces patriotes, ces républicains exclusifs que la République repousse, et qu'elle rejettera de son sein dès qu'ils lui seront connus.

____

(1) Que seroit-ce si l'on remontoit à des époques antérieures ?

Tels sont ces prétendus réfugiés à Paris pour cause d'oppression , tandis qu'eux-mêmes ont été constamment tyrans et oppresseurs , et qu'ils ne sont ici réunis que pour conspirer et se ressaisir de l'empire et de la tyrannie.

Tels sont enfin nos dénonciateurs : il suffiroit de les avoir nommés , de les avoir fait connoître , pour se dispenser de toute autre réponse.

Cependant , pour ne plus revenir sur de tels individus , et les abandonner ensuite à leur propre dépravation , nous allons répondre à leurs imputations dans le paragraphe suivant ; mais il sera préalable de mettre à découvert le plan qu'ils ont suivi , leurs vues , leurs projets ; de dévoiler l'art perfide avec lequel ils tentent de fasciner les yeux , et d'accréditer les calomnies les plus absurdes et les plus révoltantes.

§ I I.

Plan de nos calomniateurs , et réponses à leurs imputations.

La calomnie , cette arme ordinaire des méchans , prend la teinte de leur caractère , et s'élève au degré de noirceur et d'atrocité dont ils sont eux - mêmes susceptibles.

S'ils sont hypocrites , ambitieux , sujets au changement , ils vous accusent d'hypocrisie , d'ambition , de versatilité.

S'ils sont oppresseurs , ils ne balancent pas à vous accuser d'oppression.

S'ils sont capables d'assassinat , ils ne manquent pas de vous transformer en assassins.

Nos calomniateurs ont fait si souvent usage de cette arme infernale , qu'ils n'ont pas hésité de s'en ressaisir encore. *Calomnions , calomnions , il en reste toujours quelque chose.*

D'après cette idée , ils se sont dit à eux-mêmes : Nous nous envelopperons dans des abstractions , dans des équivoques , dans des déclamations vagues ; nous nous garderons bien de citer les dates , les époques , les lieux et les circonstances ; nous remplirons les feuilles publiques des diatribes les plus dégoûtantes ; l'excès même de notre audace leur obtiendra quelque créance ; nous flatterons plusieurs communes de l'espoir de déplacer le département ; nous parviendrons à les réunir à nous ; et , sous le prétexte de leur faire approuver cette demande , nous leur ferons signer des adresses qui conviennent à nos vues : par là nous obtiendrons du crédit , et nous voilà placés en première ligne dans les administrations.

Si l'on nous répond , la lutte s'engagera ; on sera fatigué de nous lire , et la victoire demeurera aux plus opiniâtres : voilà donc pour nous des apparences probables de succès. Si au contraire on dédaigne de nous répondre , nous prendrons ce silence pour un aveu, pour une approbation de nos assertions mensongères : tel est leur plan , telle est la marche qu'ils ont suivie.

Désespérés du silence que l'on a gardé pendant deux mois , ils se sont livrés à des peintures d'imagination tracées par des ames familiarisées avec le crime.

Menacés de se voir dévoilés , ils ont redoublé de fureur et de rage ; ils se sont flattés d'en imposer à force d'impudence et d'audace ; enfin ils en sont venus au point de se démasquer réciproquement , et de se voir privés de toute confiance , même avant d'avoir été démentis et confondus :

Qui pourroit croire qu'après un tel procédé , après avoir rempli tous les journaux des plus absurdes, des plus noires impostures , ils ont aujourd'hui *l'impudeur* de citer en preuves *ces mêmes journaux* , ou les adresses qui sont leur propre ouvrage.

Ils disent , page 16 de leur dernier écrit : *le fait inséré dans les journaux n'a été démenti par aucune des parties.*

Page 17. *Ce fait est de notoriété publique : voyez les journaux.*

Page 11. *Voyez sur-tout l'adresse des cinq cent seize républicains de Dole , etc. , etc.*

Il faut avoir de telles démonstrations sous les yeux, pour se convaincre jusqu'à quel point le crime aveugle. Comment nos calomniateurs ont-ils pu se persuader que quelqu'un seroit dupe d'une ruse aussi grossière ?

Leur marche connue , hâtons-nous de détruire leurs imputations et leurs calomnies.

Nos accusateurs débutent par nous apprendre que leurs premiers pas dans la révolution furent marqués par des agitations , par un esprit de parti et de faction ; « que, *dans une procédure* instruite à *Dole*, on avoit enveloppé plus de soixante » républicains de cette commune , dont plusieurs furent décrétés de prise de corps » *pour avoir osé, par une inspiration prophétique* , écrire au bas de la statue » érigée à Louis XVI sur la place publique : premier et *dernier roi des Français* (1).

____

(1) Elle fut mise le jour de l'arrivée de (*Regnaud de Saint-Jean-d'Angely*) , commissaire de l'Assemblée constituante , après la fuite du roi à Varennes.

B 2

« Pouvoit-on, ajoutent-ils, méconnoître les auteurs de ces proscriptions? *Théodore*
» *Lameth* commandoit la garnison de Dole ; *Vernier* étoit membre de l'assemblée
» constituante ; *Janod* et *Champion* administrateurs du département ; *Febvre* pro-
» cureur-syndic à Lons-le-Saunier ; tous agissant de concert avec les tribunaux
» exclusivement composés de leurs parens et de leurs créatures : c'est par ces
» coups d'autorité que ces vils esclaves du trône essayèrent leurs efforts dans le
» Jura en comprimant ainsi l'élan sublime des républicains, etc., etc.»

Le lecteur attentif saisira sans effort les singuliers rapprochemens que l'on
voudroit faire ici, comme dans plusieurs autres circonstances, pour charger les députés du Jura de tout ce qui a été fait, dit ou écrit dans le Jura dès le commencement de la révolution ; mais il faut plus que de la démence pour nous imputer
cet événement que nous nous dispensons de caractériser. Il nous est absolument
étranger.

Dole, disent - ils, fut le lieu de cette scène agitée ; Dole avoit alors ses
administrations, ses tribunaux de district ; Dole concentra donc dans son sein,
et les délits commis, et les poursuites judiciaires qui en furent la suite : s'il en
fut ainsi, quelle influence pouvions - nous exercer dans une commune qui nous
étoit étrangère, dont nous sommes éloignés de quinze lieues de poste, à ne partir
que de Lons-le-Saunier ? A cette époque, deux de nous, *Vernier* et *Janod*, ha-
bitoient Paris ; Champion étoit juge au tribunal du district d'Orgelet, et Febvre
retiré à la campagne, sans fonction.

On peut déja, par l'inconséquence de cette première accusation, juger de toutes
les autres.

Ils nous reprochent *d'avoir accepté la constitution de* 1791, *d'avoir élevé*
Théodore Lameth à la législature, et le marquis de Montciel à la présidence
du département.

Nous partageons avec toute la France le premier délit ; mais nous laissons les
deux autres tout entiers sur le compte de nos principaux accusateurs : nous n'avons
pas à nous expliquer ici sur Lameth ni sur Monteiel ; mais nous devons à la
vérité de dire qu'avant la révolution leurs noms nous étoient inconnus ; ils habi-
toient Dole placé à l'extrémité de notre département (1) ; nous n'avions avec cette

---

(1) Lameth étoit colonel d'un régiment de cavalerie en garnison à Dole. Il achéta une
propriété à Menotey, commune voisine de cette ville, et fut nommé électeur. Une fois pour
toutes, écartons tout ce qui peut être commun avec *Théodore Lameth*. Nous n'eûmes jamais avec
lui de relations intimes.

communé que très-peu de communications ; ce sont les habitans qui les ont présentés à l'assemblé électorale ; c'est vous enfin, *Genisset*, qui, dans vos églogues, avez fait connoître à notre département les vertus, les talens de Montciel : puissant, vous l'avez encensé ; foible, vous l'avez abandonné : ce trait seul vous décèle (1).

Nous avons pleuré sur les deux célèbres journées des 20 juin et 10 août ; nous avons fait alors des adresses de condoléance.

Impudens imposteurs, ces adresses existent aux archives du Corps législatif ; elles peignent notre ardent patriotisme ; elles furent distinguées par le ministre Danton dans la lettre de satisfaction qu'il adressa aux administrateurs ; il eut soin de rappeler leurs propres expressions. « Vous avez adhéré au 10 août *par assentiment intime*, » et vous ajoutez que vous soutiendrez de toutes vos forces les mesures prises par » l'assemblée législative, etc., etc. »

Si l'on en croit nos accusateurs, le département du Jura n'a député à la Convention nationale qu'un seul républicain ; les sept autres étoient des partisans de la royauté ; tous, à l'exception de Prost, signalèrent leur zèle en faveur de Capet et de la famille royale : les administrateurs pleurèrent aussi sur le 21 janvier pendant qu'eux-mêmes y avoient applaudi.

N'est-ce pas une vérité constante et connue de tous nos collègues à la Convention, que tous les députés du Jura votèrent à l'unanimité la République le 21 septembre 1792 : quatre d'entre eux, *Prost* compris, ont voté la mort du tyran ; et les quatre autres, après l'avoir déclaré coupable, ne différèrent que sur le mode d'application de la peine.

Les administrateurs applaudirent et adhérèrent, par une adresse qui existe encore, au jugement du 21 janvier : voilà nos actes. Où sont les vôtres, personnages déhontés ? nous n'en connoissons que de négatifs. Vous, *Lauchet*, alors administrateur, vous refusâtes de signer l'adresse de *vos collègues* sur l'événement du 21 janvier, auquel vous prétendez aujourd'hui avoir applaudi.

Dans l'embarras où ils sont de concilier leurs principes avec leur conduite, ils supposent *n'avoir adopté le 31 mai que parce qu'il n'avoit froissé dans leur députation que les partisans outrés de la monarchie* ; ils affirment *que la suite des événemens les a fait jouir, avec sagesse, d'une juste influence* (2).

---

(1) Voyez dans les pièces cette églogue imprimée.

(2) On jugera de leur sagesse par toutes les pièces justificatives.

Cette double assertion est bien étrange : chacun sait que ce ne fut point par de semblables calculs qu'ils se déterminèrent; ils n'y virent que les principes de leur domination, l'aliment de leur goût pour le système de la terreur, pour le régime révolutionnaire, qu'ils ont si souvent préconisé.

Nous conviendrons hautement que ce ne sont pas là nos goûts et nos principes. On doit sans doute pardonner quelques écarts, quelques désordres passagers à l'enthousiasme d'un peuple qui veut rompre ses fers et reconquérir sa liberté ; mais ils doivent disparaître aussi rapidement que les ouragans et les tempêtes. Une société politique ne pourroit subsister dans un état habituel de crise révolutionnaire ; on ne se feroit point à l'idée d'être gouverné par des tyrans qui vous tiendroient asservis sous la crainte, la terreur et l'oppression ; par des monstres qui réaliseroient les préceptes qu'ils donnent sur le vol, le pillage, l'envahissement des propriétés, et qui, pour comble d'horreur, conduiroient par flots à l'échafaud les hommes les plus vertueux et les républicains les plus irréprochables. C'est cependant le triste spectacle que notre département a présenté *sous la sage et juste influence de nos calomniateurs ; c'est ce qu'ils appellent des temps prospères.*

Ils reprochent aux députés à la Convention *d'avoir rapporté de leur exil une haine bien prononcée contre les républicains.*

Les députés du Jura ont plus d'indignation que de haine contre ces hommes cruels, avides, ambitieux, qui ne voient le bien de la patrie que dans leur propre intérêt : le titre de républicains exclusifs que de tels hommes voudroient usurper ne leur en impose point, et n'atténue pas leurs sentimens ; mais ils aiment, ils chérissent les vrais républicains qui ne voient que la patrie et rien hors d'elle, qui sont disposés à lui faire tous les sacrifices, sauf ceux de l'honneur et de la vertu.

Cependant cette indignation, cette haine, si l'on veut, n'est pour eux qu'un sentiment moral ; elle a été et sera toujours sans effet. Quel acte de vengeance, vils calomniateurs, a-t-on exercé sur vous, malgré l'excès de vos forfaits, quoique vous soyez familiarisés avec le mensonge et l'imposture ? Osez-vous citer un seul fait qui vous soit personnel ? Et néanmoins vos consciences vous accusent d'avoir voulu porter nos têtes sur les échafauds, d'avoir désolé, dispersé nos familles, d'avoir dilapidé nos fortunes. Le seul acte que nous avons fait contre vous, est *cet écrit* qui vous signale, que vos calomnies, vos fureurs nous arrachent bien malgré nous.

Ils accusent les mêmes députés d'avoir, *au retour de leur exil, rappelé les émigrés, les prêtres réfractaires, et de les avoir associés à leur vengeance.*

Personne ne peut douter , d'après les principes connus de ces députés , leur vie politique , et les garanties sans nombre que tous individuellement ont données à la révolution , que les émigrés , les prêtres réfractaires ne soient leurs plus cruels , leurs plus irréconciliables ennemis : comment auroient-ils cherché à les favoriser et à en accroître le nombre? Leur perte n'étoit-elle pas assurée , s'ils avoient eu quelques succès ? Cette accusation n'est donc qu'une vaine allégation dénuée de preuve et de vraisemblance.

C'est ici le cas de publier une vérité. On parle de la rentrée des prêtres réfractaires dans le Jura : le principe de leur rentrée , le premier germe de leur influence eurent lieu sous le régime de la terreur , sous l'administration de nos calomniateurs : on peut en indiquer deux causes principales , la persécution des prêtres constitutionnels , et l'impunité des prêtres réfractaires (1).

Ils disent enfin de ces mêmes députés que , *voulant établir la réaction* (2) , *ils jetèrent les yeux sur Saladin pour l'opérer ; qu'elle fut terrible ; que les prisons furent encombrées , assaillies , forcées , les prisonniers assommés , fusillés , poignardés.*

Saladin fut envoyé dans le Jura par décret de la Convention nationale , pour

---

(1) Il est de fait qu'alors deux prêtres déportés , l'un se disant grand-vicaire , l'autre , simple prêtre , nommé Drouin , furent arrêtés et mis dans les prisons de Lons-le-Saunier ; ils devoient être jugés ; leurs partisans les rachetèrent de ces autorités qui se disoient républicaines ; l'un , pour la somme de 15,000 liv. , l'autre pour 6,000 liv. : les sommes payées , ils s'évadèrent.

C'est avec ces sommes que ces républicains d'un genre particulier soutenoient le luxe que Genisset lui-même leur reproche dans la pièce imprimée N°. IV.

(2) Les députés du Jura réactionnaires ! quel délire ! Grenot , l'un deux , envoyé à l'armée des Côtes de Brest et dans le département d'Ille-et-Vilaine , protégea les républicains , essuya leurs larmes , ne fit incarcérer que les prévenus de vol ou de meurtre , et mit en liberté tous les autres.

Il fut réactionnaire , si on prend pour mesure de réaction l'arrestation des chefs de chouans qu'il ordonna , le 6 prairial an 3 , de concert avec son collègue Bolet.

Dans tous les cas il s'en félicite , parce que cette arrestation facilita le succès de la fameuse journée de Quiberon. Les chefs des chouans ne s'étoient soumis que pour avoir le temps de mieux s'organiser , et préparer un soulèvement général , et dans la vue de faire diversion , et retenir les soldats républicains dans l'intérieur. Plus d'un mois avant leur arrestation , leur trahison avoit été éventée par les représentans *Guesno , Guermeur* et *Grenot* , qui n'attendoient que le moment favorable pour sévir. On peut consulter à cet égard leur correspondance avec le comité de salut public.

l'exécution des lois qui réorganisoient sur l'ancien pied les administrations de département ; mais là , à peu près , se bornèrent ses opérations au chef-lieu ; il ne fit arrêter personne, il ne lança aucun mandat d'arrêt (1) : ceux qui ont été arrêtés , en très-petit nombre toutefois , le furent par suite des mesures prises par le représentant du peuple *Besson* bien antérieurement *au rappel des proscrits.* Le représentant du peuple *Bailly* succéda à *Besson ;* il n'ordonna que des mises en liberté , à l'exception d'une seule arrestation qui eut lieu à Saint-Amour. Les motifs qu'ils donnèrent des arrestations qui furent faites , leur petit nombre, prouvent également leur sagesse , leur circonspection , et les mettent à l'abri de tout reproche de réaction ; ils ne remplissoient d'ailleurs que leurs mandats. On parlera des meurtres au paragraphe suivant ; mais il convient de suivre le fil chronologique des faits d'accusation.

Ils disent *que Janod fut nommé , aux élections de l'an 4 , député au Corps législatif ; qu'il n'accepta point ; qu'il craignit de partager la responsabilité du 13 vendémiaire ; que cette conduite lui valut sa réélection en l'an 5 ; qu'il accepta cette fois , parce qu'on étoit à la veille du couronnement de Louis XVIII.*

Les faits sont vrais ; les motifs odieux sont seuls controuvés, et n'appartiennent qu'à la plus noire , à la plus audacieuse méchanceté.

Janod , en refusant la députation, n'entendoit pas se soustraire à ses obligations comme citoyen ; il accepta du même corps électoral les fonctions d'administrateur du département ; il ne cessa pas de faire activement cause commune avec tous les vrais républicains.

Quelle responsabilité d'ailleurs avoit - il à craindre sur les événemens du 13 vendémiaire ? La Convention nationale avoit , à cette époque , repoussé la force par la force ; elle avoit par sa courageuse résistance sauvé encore une fois la liberté , et épargné à quelques royalistes effrénés le plus grand de tous les crimes (celui de la dissolution de la représentation nationale) : le citoyen qui a lié son sort à cette forme de gouvernement , n'avoit pas , sans doute , à redouter pour lui les effets d'une aussi mémorable journée.

Il a accepté en l'an 5 ; on étoit, dit-on, *à la veille du couronnement de Louis XVIII.*

Janod et ses collègues se sont-ils montrés dans les rangs des conspirateurs qui pouvoient avoir cet affreux projet ? Ont - ils voté avec eux ? Les a-t-on vus un seul

---

(1) On ignore s'il fit incarcérer quelqu'un à Dole.

seul

instant faire cause commune? Les a-t-on vu entrer une seule fois dans ces réunions politiques accusées de conspirer contre le maintien de la République? Ne les a-t-on pas vus, au contraire, s'inquiéter, dès les premiers jours de leur entrée au Corps législatif, de la marche de l'esprit public, se rallier à ceux de leurs collègues prêts à tout sacrifier pour le maintien de la constitution de l'an 3? Il y a plus, et ils doivent le dire, ils n'ont point accepté les fonctions de législateurs par ambition, ce sentiment leur est étranger, mais par devoir : de toutes parts on annonçoit de sinistres projets ; la liberté étoit menacée; ils sont venus pour la défendre contre toutes les factions, ou périr avec elle : c'est le texte de leur mandat, ils le rempliront.

Vous, infames, qui fûtes tour - à - tour royalistes, anarchistes, et toujours réunis pour persécuter les fondateurs de la République, vous flatteriez-vous d'en imposer encore? Ce seroit en vain ; ces deux sectes aussi impies que dangereuses sont également proscrites par les vœux et le serment des vrais républicains.

Les élections de l'an 5, du département du Jura, se sont faites sous les auspices de la réaction; le corps électoral étoit presque en son entier composé de royalistes : aussi Pichegru, dont la conduite n'étoit plus un problème dans ce pays, fut-il nommé à l'unanimité ; et si Champion, Janod et Febvre n'obtinrent pas le même nombre de suffrages, ce fut seulement à raison d'une division établie entre les royalistes, par suite d'exécution de la loi du 28 ventôse sur l'aliénation des biens nationaux ; Genisset et un autre citoyen furent obligés d'échapper à cette réaction en prenant la fuite.

Pour faire apprécier ces vaines et pitoyables déclamations, nous sommes forcés de retracer ce qu'a fait l'assemblée électorale.

Elle étoit composée, comme par-tout ailleurs, d'élémens différens de vues et d'opinions ; elle ne présenta cependant pas d'intrigue personnelle ; aucun des élus n'étoit électeur. Après le choix du membre qui devoit entrer au Conseil des Anciens, elle nomma unanimement Pichegru.

F. Genisset, vous nous apprenez pour la première fois que Pichegru étoit alors connu dans le Jura, que sa conduite n'étoit plus un problème, et vous ne faites pas attention que l'imposture se décèle elle - même. Vous l'avez nommé avec les patriotes; vous étiez électeur, et il a eu toutes les voix : vous vous accusez donc d'avoir sciemment donné votre suffrage à un ennemi de la patrie.

Mais, non, vous n'êtes qu'un caméléon, un protée en politique ; vous ne raisonnez, vous n'agissez que d'après les événemens. Comment avez - vous eu le front de dire que Pichegru étoit connu? vous - même ne le connoissiez pas plus que la plupart des électeurs patriotes qui l'ont nommé.

Pichegru, quoiqu'ayant pris naissance dans le département du Jura, y étoit moins

C

connu qu'ailleurs ; il n'y avoit jamais résidé ; et au moment de sa nomination, il étoit électeur au département de Haute-Saone, où il avoit pris domicile depuis sa retraite. Sa réputation, ses services furent ses seuls titres de recommandation auprès des patriotes. Comment le Jura n'auroit-il pas été trompé ? la France entière étoit encore alors abusée sur son compte ; le gouvernement même venoit de le nommer commandant dans le Midi. Pourquoi se défendre d'un acte si simple, si naturel, si innocent ? il faut bien chérir l'imposture pour y recourir sans cesse, même sans besoin.

Il y eut loin, dites-vous, *du nombre de suffrages que les trois autres députés réunirent.*

Cela est vrai, Febvre ; un d'entre eux fut même ballotté avec le président de l'administration *destituée* : cette circonstance, sans autre commentaire, doit fixer l'opinion sur les principes des électeurs qui nommèrent les députés. Les royalistes et les républicains étoient aux prises ; ceci prouve que les républicains triomphèrent, et que ceux qu'ils ont nommés étoient dans leurs principes.

Mais on ne conçoit pas la cause qu'on donne à cette différence de suffrages ; on suppose qu'elle a existé dans l'exécution de la loi du 28 ventôse : il seroit impossible d'accréditer un tel soupçon ; les députés nommés n'ont point été chargés de l'exécution de cette loi ; ils n'ont acquis aucun des biens aliénés en suite de ses dispositions ; ils sont absolument étrangers aux ventes comme aux acquisitions : où peut donc tendre ce hardi mensonge ?

Genisset, vous dites encore avoir failli d'être à cette époque victime de la réaction, et n'y avoir échappé que par la fuite.

Apprenez-nous ce qui donna lieu à vos frayeurs, à vos alarmes. Nous savons seulement où votre terreur panique vous fit chercher un asyle : c'est dans le bureau du citoyen Febvre, alors commissaire du Directoire près le département, dont le local étoit attenant au lieu des séances de l'assemblée électorale ; vous y avez demeuré constamment, sauf les momens où vous alliez remettre vos bulletins, ou vaquer à vos propres affaires. Ce citoyen vous auroit donc préservé d'un péril que vous supposiez pressant ; et pour lui en témoigner votre reconnoissance, vous l'accusez, *contre votre propre conscience*, aux yeux de la France entière, d'être l'un des coriphées de la réaction ! Quelle perversité !

Mais vous en imposez encore : vos jours, votre personne ne furent point menacés. Il est de notoriété publique que cette assemblée électorale fut très-tranquille, qu'aucune agitation sérieuse ne s'y manifesta, qu'aucun excès n'y fut commis : le commissaire avoit pris toutes les précautions possibles pour protéger par la force publique la liberté de ses opérations.

Suivant nos accusateurs , nous avons caressé tour-à-tour les deux partis qui luttoient avant le 18 fructidor ; nous avons fêté Pichegru et bu dans la même coupe que le traître ; le 17 fructidor, nous avons , dans une lettre insérée au journal de l'Historien , accusé le Directoire et improuvé les adresses de l'armée d'Italie.

Cette lettre n'est signée que de *Ferroux* ; mais, dans une note de la plus insigne méchanceté, ils ajoutent *que Ferroux nous a reproché en public, depuis le 18 fructidor , d'avoir eu la lâcheté d'attribuer à lui seul cette lettre , tandis que nous savions bien qu'elle avoit été arrêtée en commun , et que lui , Ferroux , n'avoit été que notre interprète.* Ils terminent enfin par dire *que ce fait, inséré dans les journaux, n'a été démenti par aucune des parties.*

Pichegru ne nous étoit connu que par la renommée : membre de notre députation , il étoit dans l'ordre de nous rapprocher ; nous l'avons fait : il est vrai qu'il a assisté trois ou quatre fois à nos réunions ; il est vrai aussi qu'il a été constamment pour nous impénétrable , ce qui nous rendit très-circonspects ; et bientôt sa conduite à l'assemblée , qui annonçoit entre nous une diversité de principes , nous en détacha entièrement ; nous cessâmes de le voir deux mois avant le 18 fructidor : voilà comment nous savons caresser les partis (1).

Quant à la lettre de *Ferroux* , nous n'y avons eu aucune part ni directement ni indirectement ; aussi lui seul l'a-t-il signée. Si nous y eussions concouru en quelque manière que ce puisse être , nous y eussions apposé nos signatures pour lui donner plus de poids , et lui-même n'eût pas manqué de nous y inviter, ou tout au moins ne l'auroit-il signée que comme ayant charge de la députation.

La vérité est que nous n'en eûmes connoissance que le 21 fructidor, en jetant un coup-d'œil sur l'*Historien* , déposé à la bibliothèque nationale : les principes de cette lettre (nous le disons franchement) n'étoient pas les nôtres. Elle *faisoit l'éloge de l'administration centrale du Jura, pour avoir improuvé les adresses de l'armée d'Italie ;* elle faisoit au contraire la critique de Champion , commissaire central,

---

(1) Vernier a dit, et rien n'est plus certain, qu'au retour de son congé, anticipé de huit jours avant le 18 fructidor, il refusa constamment de le voir.

Un seul trait fera juger comment *Vernier*, toujours inflexible et dans ses principes et dans sa conduite , *savoit caresser tous les partis*, et favoriser la royauté. En 1790 *Louis de Narbonne*, dans ses coupables projets , vouloit se faire nommer commandant de toutes les gardes nationales du Jura : déja il avoit surpris la nomination de plusieurs districts ; Vernier écrivit au chef-lieu de département qu'on se gardât bien d'un pareil choix, et ne craignit pas de dire qu'on pouvoit s'autoriser de sa lettre ; ensorte que *Narbonne* ne fut pas nommé à Lons-le-Saunier. Il menaça Vernier, en disant qu'il venoit à Paris pour l'eu faire repartir. Ainsi l'on voit que *Vernier* n'a jamais été dupe des charlatans et des fripons, et qu'il n'a pas craint de se montrer toutes les fois que les circonstances l'exigeoient.

qui avoit refusé de concourir avec l'administration à cet acte incivique ; nous avions coopéré au choix que le Directoire avoit fait de cet estimable fonctionnaire : il étoit le frère de l'un d'entre nous ; nous ne pouvions qu'improuver cette démarche.

Il seroit trop absurde de supposer que nous ayons eu à sa fabrication aucune part directe ni indirecte : il y a plus , l'assertion qu'on attribue malignement à Ferroux est de toute fausseté ; il la démentira sans doute. En attendant nous la démentons nous-mêmes expressément, *et cela seul doit suffire.*

Nous nous dispensons de répondre aux redites éternelles relatives à Terrier ; nous renvoyons à l'écrit de notre collègue Vernier, en répétant avec lui qu'on ne peut, sans lâcheté, refuser à un prévenu qui le demande, *fût - il coupable ou même ennemi* , le témoignage de faits vrais et légalement constatés.

Nous n'avons pas cessé d'entretenir des liaisons détestables.

Quels faits citent-ils à l'appui d'une telle assertion ? Ils disent *que Vernier a eu , le mois dernier , des entretiens fréquens avec un nommé Parisot , le compagnon assidu de Piard et le coopérateur de ses exploits sanguinaires ; ils ajoutent que ce prétendu brigand a été arrêté à sa porte , que ses entrailles paternelles s'émurent , et qu'il le réclama auprès du ministre , qui se souvint de l'infidélité de ses cautionnemens.*

Un citoyen nommé Parisot (que l'on fait ici *compagnon assidu de Piard*) habite depuis quelques années seulement la commune de Lons - le - Saunier ; nous savons qu'il s'est rendu à Paris , parce qu'il a remis au citoyen Vernier une ou deux lettres du pays ; mais aucun de nous ne le connoît personnellement, et Vernier et Grenot moins que les autres , à raison de leur longue absence.

Il est notoire que , pendant une grande partie de la révolution , ce Parisot a été successivement commis au bureau des recettes des contributions directes , et des domaines nationaux ; que la foiblesse de sa santé l'a constamment soustrait à l'obligation que son âge lui imposoit de se rendre aux armées ; tous les renseignemens pris sur son compte sont en sa faveur. *Loin d'être un égorgeur* , il ne paroît pas même qu'il ait jamais été accusé d'aucun excès ; il a , au contraire , donné la preuve de son attachement à la République , en employant ses petites épargnes en acquisition de domaines nationaux , *notamment de presbytères.* Le motif de son voyage à Paris , nous a-t-on dit, est de solliciter un congé absolu. Il s'étoit muni à cet effet d'un passe-port d'exemption provisoire du commissaire près l'administration centrale , pour deux décades , cette exemption fondée sur la déclaration authentique *de six officiers de santé* ; nous savons enfin qu'il est détenu depuis long-temps à la Force , sans avoir été interrogé.

A l'égard de sa capture dans la cour de Vernier , celui-ci a ignoré et ignore encore si effectivement elle a eu lieu dans ce local ; mais , à le supposer , elle auroit occasionné bien peu de rumeur : personne de la maison ne lui en a parlé ; ainsi ses *entrailles paternelles* n'ont pu s'émouvoir sur cet événement.

Il n'a jamais parlé de ce citoyen au ministre de la police ; il se rendit près de Sotin pour lui dire qu'étant informé qu'on publioit un écrit contre la députation du Jura (lequel écrit on assuroit être dans ses bureaux) , il venoit le prier de le lui communiquer : c'est alors que ce ministre lui parla de Monciel ; on affirme qu'il ne fut point question de Parisot ; sa détention n'avoit pas encore eu lieu.

Mais ce qui sera difficile à croire , c'est l'audace des persécuteurs de cet infortuné ; c'est la noirceur et la perfidie de leur conduite : nos dénonciateurs, dans leur extravagant délire , se sont imaginé qu'en publiant dans des journaux, dans des affiches, que nous étions des royalistes , des contre - révolutionnaires, des ennemis de la République , ils en avoient été crus sur parole. Dans cette aveugle confiance , et dans le sinistre projet de perdre *ce Parisot* et de nous inculper à son occasion , ils l'ont supposé en relation intime avec les députés du Jura ; ils lui ont fait parvenir une lettre sous *la signature fausse de Vernier* , qui l'invitoit à se rendre chez lui. Il s'y rendit : à peine arrivé, dit-on , dans la cour ou près de l'hôtel , ils le firent arrêter par les agens de la police , et de suite publièrent qu'il étoit un égorgeur et qu'il venoit prendre langue ou mendier protection auprès des députés.

Infames, s'il en est autrement, osez produire la lettre que vous dites avoir été saisie sur lui, et on verra si elle est de Vernier.

Celui-ci ne connoît point Parisot ; il se rappelle à peine l'avoir vu une fois chez lui pour la remise d'une lettre dont il étoit porteur ; mais ce qu'il se rappelle positivement, c'est de ne lui avoir point écrit ; il ignore même son adresse. Ainsi l'on voit jusqu'à quel excès de noirceur le délire et la fureur du crime peuvent porter ceux qui s'en sont fait habitude.

Dans l'impuissance où se trouvoient nos calomniateurs de contredire *Vernier* sur l'exposé aussi simple que vrai qu'il a fait de ses principes et de sa conduite dès le commencement de la révolution , et pour se dispenser eux-mêmes de répondre positivement sur des faits graves et notoires qu'ils n'auroient pu démentir, ils ont feint de n'avoir lu son écrit qu'au moment où le leur étoit à l'impression ; personne n'a été dupe de cette petite ruse.

Mais ils sont allés plus loin ; ils ont porté l'aveuglement jusqu'à tenter de l'inculper sur sa présidence du 3 prairial , en disant « *qu'il mit complaisamment*

» *aux voix toutes les demandes du fauxbourg Antoine, alors maître du lieu des*
» *séances.* C'est Vernier qui va répondre à cette inculpation qui lui est personnelle. »

Il faut donc encore s'expliquer sur des faits dont quelques - uns sont connus
de peu de personnes , et dont je me suis montré peu *jaloux* , peu empressé de
revendiquer la part que je pouvois y avoir.

Le 3 prairial, l'orage préparé depuis plusieurs jours grondoit de toutes parts ; ce
frémissement , sinistre précurseur des volcans prêts à faire éruption , se faisoit
entendre ; j'étois au moment d'aller occuper le fauteuil lorsque *Kervélégan* et
plusieurs autres députés me dirent : Ta voix se perd dans le bruit et le tumulte ,
cède ta place à *Boissy d'Anglas*.

La première réflexion qui me saisit sur cette proposition fut de me dire à moi-
même : *Hélas ! on te connoît peu* ; ton âge inspire peut-être de la défiance sur
la fermeté avec laquelle on doit soutenir le choc qui se prépare.

La seconde fut de sacrifier sans examen toute espèce d'amour propre au vœu
de mes collègues , pour me mettre à l'abri de tout reproche.

Je cédai ma place à *Boissy-d'Anglas* ; mais , en la cédant , je m'assis à ses
côtés, et ne le quittai pas une seule minute : je la lui aurois laissée jusqu'à la fin sans
une circonstance *qui mérite d'être connue.*

Nous avions soutenu avec calme le bruit , le tumulte , le désordre qui alloient
toujours en croissant, les fureurs, les menaces, la vue des baïonnettes, des poignards , l'explosion des armes à feu dirigées contre nous , et jusqu'à l'hideux et
déchirant aspect de la tête de notre collègue Féraud , souvent présentée et ba-
lancée à nos yeux , au bout d'une pique ; mais j'entendis murmurer autour de
moi , et dire tout bas qu'il étoit temps de couper la tête à *Boissy - d'Anglas* :
alors toutes les considérations cédèrent à celle de ne pas souffrir qu'un autre fût
immolé à la place même que je devois occuper. Je m'adressai aussitôt à ce
collègue ; et , sans lui faire part de ce que j'avois entendu , ni des raisons
qui me faisoient agir, je lui dis : *J'ai cédé volontairement ma place* ; *mais en*
ce moment je veux la reprendre, et user de mes droits ; il la céda ; *mais il se*
plaça à côté de moi comme je m'étois placé à côté de lui.

On observe ici , pour une parfaite intelligence des faits, que l'on nous avoit
spécialement recommandé *de gagner du temps ,* vu que le comité de sûreté générale
étoit assemblé , et s'occupoit des mesures à prendre.

A peine fus - je au fauteuil , que des assassins armés , entassés en groupe les
uns sur les autres , me présentèrent des papiers à signer , et m'environnèrent de

poignards qui se croisoient en tout sens ; je leur dis , avec le sang-froid d'un
homme résigné au dernier sacrifice : Que pouvez - vous à qui ne craint pas la
mort ? pour vous mettre plus à votre aise , je défais ma cravatte , et je découvre
ma poitrine !

Ces tentatives se renouvelèrent plusieurs fois en me disant : Es - tu patriote ?
es-tu républicain ? Si tu l'es, signe ces écrits.... Oui , je le suis, et meilleur que
vous ; mais , comme président et organe de l'assemblée , je ne puis, je ne dois
rien signer sans qu'elle ait délibéré.

Me voyant inflexible , hé bien , me dit-on , fais délibérer.... Je ne le puis ; je
ne sais si les représentans, confondus dans la foule qui remplit la salle , sont en
nombre suffisant.... On ne manqua pas de répondre affirmativement..... J'ignore
si le fait est vrai ; il faudroit que j'en fusse assuré, et je ne puis l'être au milieu
du désordre et de la confusion qui règnent : c'est ce qui donna lieu à la motion
de faire appeler au devant de la tribune tous les députés qui se trouvoient à l'assemblée.

Ces députés réunis, et interrogés s'ils étoient en nombre suffisant pour délibérer, répondirent qu'oui ; et pour marquer leur approbation , ils élevèrent leurs
chapeaux en l'air : je fus donc forcé d'ouvrir la discussion.

Alors se présentèrent à la tribune nombre de députés qui avoient des motions
préparées et écrites sur de petits billequins de la longueur et largeur d'un doigt.

Comme je m'apperçus qu'il ne restoit qu'un secrétaire , qui ne pouvoit seul
suivre une rédaction rapide , je mis précipitamment aux voix cinq à six décrets.
Un député pénétra dans mes vues, et me dit : Ta précipitation rend inutile tout
ce qu'on fait : il faut rétablir l'ordre..... On rend des décrets tant que tu veux :
qu'exiges-tu de plus ? de quoi te plains-tu ?.... Il faut former le bureau..... Je ne
connois personne..... Forme-le toi-même..... Il faut appeler d'anciens secrétaires...
Je ne sais pas leurs noms..... Il en désigna plusieurs qui prirent place à la tribune , et disparurent bientôt après.

C'est ainsi qu'avec une froide intrépidité , à force de délais, d'incidens et
d'obstacles , je gagnai le temps nécessaire et le moment heureux où l'on vint nous
dégager et rendre la liberté à l'assemblée.

Qu'on me permette ici une réflexion. Tous mes collègues auroient eu le même
sang-froid , la même intrépidité ; mais un courage trop bouillant , trop impé-
tueux , auroit tout perdu par une imprudente précipitation, ou par un refus trop
marqué et trop opiniâtre. *Il falloit gagner du temps ; c'est l'ordre salutaire qui nous
étoit donné.*

Voilà des faits qui ne peuvent être contredits ; voilà la conduite que j'ai tenue dans une circonstance aussi critique : elle a eu l'approbation de mes collègues ; elle obtiendra celle de tous les hommes qui savent réfléchir et penser.

Il ne faut qu'un instant pour se recueillir sur cette longue série de mensonges et d'impostures proférées par nos détracteurs; chaque page , chaque ligne, chaque mot de leur écrit , offre tout ce que la calomnie a de plus impudent , par la hardiesse et l'absurdité des imputations ; tout ce qu'elle a de plus noir , de plus perfide et de plus atroce, par la manière insidieuse dont ils ont présenté et dénaturé tous les faits : mais, en dernier résultat, c'est la vapeur infecte du crime, qui s'exhale , et qu'un air pur a bientôt dissipée.

§ I I I.

Sur l'état ancien et présent du département du Jura.

Nul département n'étoit plus disposé que le Jura à accueillir un système régénérateur de ses droits politiques et civils , ainsi que le gouvernement républicain.

Il l'a prouvé par les faits ; rien ne lui a coûté : hommes , argent , denrées , effets militaires , dons civiques , il a tout prodigué sans aucun moyen de coaction. Ses magistrats ont constamment trouvé dans son enthousiasme pour la liberté , dans son patriotisme, la source de tous les sacrifices que la patrie réclamoit.

Il est vrai qu'il n'a pas souillé sa victoire ; il ne s'est pas permis le plus léger excès : il a vu ses anciens dominateurs abattus sans les outrager. La guerre se déclare : fier du sentiment de sa force, il ne la développe que contre ses ennemis , les armes à la main. Vingt bataillons se précipitent spontanément aux frontières pour le soutien de l'indépendance nationale , et il reçoit dans plusieurs circonstances , par des décrets solemnels, le témoignage honorable qu'il a bien mérité de la patrie.

Il est vrai encore que le sang n'a coulé dans ce département que bien après le 31 mai : alors il changea de physionomie ; la violence , les vexations de tout genre prirent la place de l'enthousiasme de la liberté et de là confiance ; les élus du peuple furent proscrits ; ses intérêts furent sacrifiés. Les dénonciations, l'arme favorite des méchans , se multiplièrent ; des bastilles nombreuses couvrirent son territoire ; le sang enfin des défenseurs de la République coula abondamment sur les échafauds (1).

____

(1) D'un seul jour, et peu de temps avant le 9 thermidor , onze périrent , à Paris , sur l'échafaud ; trois évitèrent ce sort en se donnant la mort ; quantité d'autres ont été sacrifiés en détail.

Cette

Cette déplorable situation subsista jusqu'après le 9 thermidor. La Convention, qui dans cette journée avoit terrassé ses tyrans, voulut associer aux fruits de sa victoire toutes les parties de la République ; elle envoya dans le département du Jura successivement plusieurs représentans du peuple, qui destituèrent de leurs fonctions les partisans du système de la terreur, examinèrent leur conduite, et trouvèrent dans celle de quelques-uns d'entre eux des motifs suffisans pour les faire incarcérer et traduire pardevant les tribunaux : ils furent en très-petit nombre ; et certes on ne dira pas qu'il leur fut fait alors aucune injure particulière.

Des ordres du gouvernement prescrivirent leur translation des prisons du Jura dans celles du département de l'Ain. Ce fut à une demi-lieue de Bourg, chef-lieu de ce département, et à treize lieues de Lons-le-Saunier, que huit d'entre eux furent assassinés dans leur retour : le fait est notoire, et personne ne s'est jamais permis d'accuser de ce meurtre aucun habitant du Jura. *Cette cruelle et barbare expédition eut lieu en floréal an 3* (1).

De pareils ordres du gouvernement avoient prescrit la translation à Lons-le-Saunier des prisonniers arrêtés par suite du même système, d'après des mandats des représentans du peuple envoyés dans le département de l'Ain. Parmi ces prisonniers, on distinguoit les nommés Frilet et Lémare. L'un, ancien procureur du roi du présidial de Bourg, détesté par ses vexations sous l'ancien régime, avoit ajouté sous le nouveau, par sa conduite, aux ressentimens conçus contre lui par ses concitoyens : l'autre, Autrichien de naissance, tailleur d'habits, s'étoit livré à tous les excès sous le gouvernement révolutionnaire. Ces deux hommes, étrangers, et absolument inconnus des habitans du Jura, ont été poursuivis à Lons-le-Saunier par leurs ennemis : les prisons furent forcées, et ils furent tués au milieu de vingt autres, emprisonnés avec eux pour les mêmes motifs, sans que ces derniers y aient mis la moindre opposition, sans qu'ils aient été personnellement attaqués : ce qui feroit penser que ces deux crimes tenoient moins à un esprit de parti et de faction qu'à des causes particulières, qui sont restées inconnues ainsi que leurs auteurs. *Cet événement eut lieu dans une nuit obscure de prairial an 3.*

A-peu-près à la même époque, trois crimes furent encore commis au chef-lieu du Jura : ce sont les seuls qu'on pourroit, par prévention, attribuer à quelques habitans de ce département, parce que les personnes qui furent immolées lui appartenoient : on veut parler de ceux dont les nommés Thabey, Lamy et

---

(1) Nous avons toujours vu cet événement avec l'horreur qu'il doit inspirer ; mais Genisset lui-même avoit peint et désigné les victimes auxquelles il élève aujourd'hui des autels. Voyez le N°. IV des pièces justificatives.

D

Boisson furent victimes. Le premier mourut sur-le-champ ; le second n'est mort à l'hôpital qu'après quarante-deux jours de maladie ; le troisième s'est rétabli et vit encore. Une procédure fut instruite sur-le-champ par l'officier de police judiciaire ; Lamy et Boisson furent interrogés, entendus sur les auteurs de ces attentats ; ils déclarèrent que ceux qui les avoient frappés leur étoient inconnus, qu'ils étoient étrangers (1). Boisson, qui a survécu à ce déplorable événement, n'en a encore accusé personne nominativement : il sait bien que la notoriété publique en chargeoit *des assassins ambulans soudoyés par l'étranger*, et vomis du sein des grandes communes dans les départemens, qui étoient sans défense et sans moyens suffisans de police.

Voilà à quoi se réduit cette réaction si astucieusement, si perfidement présentée, et si fort exagérée : elle cessa à sa naissance par suite des mesures dont on va rendre compte, et les faits qui la caractérisent remontent, pour ainsi dire, à trois ans.

Nous ne nous arrêterons pas au traitement meurtrier qu'on dit que la fille Pisler a éprouvé, pas plus qu'à celui du vieillard Feuillet ; c'est la broderie du drame qu'on a voulu donner. La Pisler avoit commis des excès avant le 9 thermidor ; elle avoit, entre autres, dansé sur la place publique autour de l'arbre de la liberté, le jour qu'on apprit la désolante nouvelle de l'égorgement à Paris de onze républicains du Jura. Après le 9 thermidor elle s'en vantoit, ne cessoit ses bravades : elle se reposoit sans doute sur l'impunité que sembloit lui promettre la foiblesse de son sexe. Elle se trompa ; elle fut fouettée, mais non meurtrie. Le vieillard Feuillet nous est inconnu (2).

On dit que les propriétés ont été dévastées, et on cite un trait entre mille : on eût été bien empêché d'en citer deux, et ce trait est personnel à un des dénonciateurs.

Eh bien ! il est faux que les propriétés aient été dévastées ; rien n'a été pillé, personne ne s'en est plaint : le seul fait qu'on cite, n'est pas de nature à laisser des impressions bien fâcheuses lorsque les circonstances en seront connues.

Roland, seigneur de Bussy, habitoit la campagne avec sa famille ; sa maison féodale dominoit le village ; il n'étoit pas aimé des campagnards, parce qu'il les

---

(1) Extrait de leur interrogatoire est déposé à la commission.

(2) Il n'existoit qu'un Feuillet, âgé d'environ quarante-cinq ans, charpentier de profession, homme fort vigoureux et de caractère très-violent : il a été du nombre des huit assassinés près de Bourg ; mais ce n'étoit point un vieillard, et jamais il n'a été traîné dans la poussière.

avoit vexés sous l'ancien régime , des terriers à la main (1) ; leurs sentimens n'a-
voient pu changer sous le nouveau , parce que , sous d'autres couleurs , et le bonnet
rouge en tête , il avoit ajouté à ses anciennes vexations en les faisant désarmer
et incarcérer. Ses fils, joints à quelques bandits, avoient fait , de leur autorité ,
une incursion à main armée sur un hermitage voisin de leur campagne , propriété nationale où avoit résidé un prêtre ; il y demeuroit encore quelques cul-
tivateurs qu'ils effrayèrent. On dit que des dégâts furent commis : tous ces actes
excitèrent des ressentimens de la part de ces campagnards ; une troupe de vo-
lontaires logée , en passant, dans le village les partagea ; bientôt une explosion se
dirigea sur la maison féodale ; des meubles furent brisés ; on n'a jamais dit qu'il
y ait eu rien enlevé (2).

Après avoir rendu compte des événemens de la réaction en style romancier, nos accusateurs nous demandent où nous étions, et ce que nous faisions? Nous étions à nos postes ;
Champion étoit loin de la scène ; Janot et Lefebvre étoient administrateurs de
département ; on connoît les efforts qu'ils ont faits de concert avec leurs collègues
pour préserver leur pays de toute espèce de réaction ; l'administration étoit sans
force , elle n'avoit aucune troupe à sa disposition ; la gendarmerie mal payée ,
mal entretenue , étoit découragée et ne pouvoit suffire à son service ; le règne
de la terreur avoit éteint l'esprit public ; on ne pouvoit compter sur les gardes
nationales , qui étoient d'ailleurs désorganisées ; chaque jour l'administration ins-
truisoit les comités de gouvernement , les commissions exécutives , de la dépravation de l'opinion , du torrent de maux qui menaçoit, de l'insuffisance absolue
des moyens de résistance ; elle n'en recevoit aucun secours. Abandonnée à elle-
même , elle eut recours à ses propres ressources ; elle parla aux citoyens le langage de la raison , qui veut du calme , du vrai civisme ; qui veut l'oubli des
injures , le langage enfin de leur devoir ; qui exige que chacun veille à la sûreté
de tous : elle recommanda aux municipalités de redoubler de zèle et d'activité
pour le maintien de l'ordre public (3).

Malgré ces précautions , les crimes dont nous venons de rendre compte furent
commis ; les administrateurs ne purent les empêcher. La police directe , immédiate ,
appartenoit à la municipalité ; ils ne pouvoient disposer que d'eux-mêmes : aussi
ils n'hésitèrent pas de se placer entre les victimes et leurs assassins ; ils passèrent ,

---

(1) Il étoit fermier de la terre de Saint-Laurent ; il en donnoit 800 liv. ; les amendes seules
lui valoient 4,000 liv. : bien plus il étoit garde général des chasses de la maison d'Isenghien.

(2) Roland évalue modestement sa perte à 30,000 liv. ; il en diminuera , s'il le veut bien , les
vingt-neuf trentièmes , et alors seulement il cherchera à se rapprocher de la vérité.

(3) Voyez une de ses proclamations , N°. 1 des pièces justificatives.

avec les autorités du lieu , trois jours et deux nuits dans les prisons en armes ,
avec leur décoration , et sans ordre , sur leur propre responsabilité. Ils ordon-
nèrent , aussitôt qu'ils le purent sans danger , l'extradition de tous les prisonniers.

Voilà des faits constans que la notoriété publique atteste , que la malignité
même n'oseroit désavouer ; voilà les hommes qu'on qualifie de réacteurs, de persécuteurs ; voilà leur conduite ; qu'on la juge. Répétons que tout se termina là ;
que la réaction dont on parle et que l'on affecte de présenter comme prolongée
jusqu'à ce jour , cessa absolument dès cette époque ; que personne ne fut plus
insulté , et que le calme le plus parfait se rétablit bien avant l'organisation cons-
titutionnelle (1).

Nous ne dissimulerons pas que le 18 fructidor a été utile et même précieux au
Jura ; qu'il y étoit attendu , desiré avec empressement : là (comme ailleurs) les
patriotes étoient sous une espèce d'oppression morale ; une opinion détestable im-
primoit chaque jour une marche rétrograde à l'esprit public (2). Nous avons publié
ces vérités avant nos dénonciateurs, avec des motifs beaucoup plus louables, et
avec des effets plus réels, plus utiles ; mais heureusement est survenu le 18 fructidor ; le Jura s'en est saisi avec enthousiasme : nous pouvons dire même qu'il
n'est point de département qui l'ait mis mieux à profit. Examinons sa situation actuelle.

L'administration centrale a été destituée et remplacée par le Directoire exé-
cutif. L'administration nouvelle a , à son tour, épuré les administrations de canton :
au 10 nivôse , déja soixante-onze , tant présidens qu'agens ou adjoints , avoient
été suspendus de leurs fonctions, et remplacés. Cette opération se continue à mesure que des renseignemens certains lui imposent la nécessité de l'épuration. Les
militaires , les réquisitionnaires ont presque tous rejoint les armées ; aucun émigré
ne souille le territoire de ce département ; la rigueur des mesures sur cette partie
de la police a été portée à un tel point, que des pères de famille qui n'étoient
jamais sortis de la République, ont été contraints de s'éloigner par suite de la disposition générale de la loi du 19 fructidor. Malgré le voisinage immédiat de la
Suisse, on n'y voit aucun prêtre déporté : quelques-uns ont voulu hésiter d'abord
de se soumettre à la loi ; ils ont été arrêtés, envoyés à Rochefort , ou traduits devant
la commission militaire , suivant la nature des circonstances où ils se sont trouvés.

---

(1) On a parlé d'un meurtre commis, le 17 fructidor dernier , sur André Duvillard. Les
renseignemens que nous avons demandés, n'ont rien pu nous apprendre de ce fait. Si quelqu'un
de ce nom a péri , à coup sûr ce n'est point à raison d'opinion politique ou par suite de
réaction.

(2) Bien avant cette époque, Janod et Febvre quittèrent l'administration.

Les fêtes républicaines, les fêtes décadaires se célèbrent, sur - tout dans les principales communes, et on attend avec empressement les institutions nouvelles. Les contributions antérieures à l'an 6 sont complétement acquittées ; une partie considérable de l'exercice courant est payée, malgré la nullité de la dernière récolte (1) : enfin un seul courier a été arrêté à une demi-lieue de Poligny ; treize mille deux cents livres, produit des contributions, ont été volées : mais les prévenus de ce délit, qui sont, dit-on, de Poligny ou des environs, ont été arrêtés, et leur procès s'instruit (2), en telle sorte qu'on peut assurer que dans le Jura tout est sous l'empire de la loi, tout y est dans son esprit ; il y règne la plus parfaite tranquillité (3).

Présenter ce tableau de sa situation actuelle, c'est faire l'éloge de ses administrateurs, c'est leur rendre la justice qui leur est due, c'est répondre suffisamment aux calomnies déversées sur eux. A quoi se réduisent-elles d'ailleurs ? A dire que Camuset est père d'égorgeur, sans citer aucun fait d'une si atroce inculpation. Ce citoyen est un patriote éprouvé, qui, pendant tout le cours de la révolution, a exercé sans interruption des fonctions publiques ; il y a été successivement appelé par le peuple, ses représentans et le gouvernement actuel ; il les a constamment remplies avec zèle, fermeté et désintéressement ; il a une famille nombreuse, composée de onze enfans, qu'il a élevés dans les principes républicains. Cette famille habite une commune qui n'est accusée ni d'excès ni de réaction (4).

Ils disent de Ferrey qu'*il est frappé par la loi du 3 brumaire ; qu'il a un frère émigré, rentré, prêchant le rétablissement de la royauté.* Nous ignorons s'il a un frère, si ce frère est émigré : c'est à lui à connoître si les dispositions de la loi du 3 brumaire lui sont applicables ; mais ce que nous savons, c'est qu'il a rempli successivement et sans interruption des fonctions publiques administratives, soit dans son district, soit au département ; qu'il étoit commissaire du Directoire en-

---

(1) Les preuves authentiques de toutes ces assertions sont déposées à la commission ; on y voit aussi les attestations les plus positives sur tous les faits, données par les chefs des corps militaires stationnés dans le département du Jura. Voyez les pièces justificatives, N°. VII.

(2) Deux autres couriers ont été arrêtés, mais près de Dole, sur les limites du département du Doubs : l'opinion en accuse des étrangers venus du côté de Besançon. Les dépêches du gouvernement n'ont point été prises, et il n'y a eu, dit-on, que 200 liv. volées.

(3) Les seuls troubles à craindre, sont ceux que nos dénonciateurs pourroient y susciter.

(4) On a indiqué la source de cette calomnie. Camuset avoit arraché des mains d'un nommé Janet, agent national du district d'Orgelet, plusieurs paires de draps de lit de toile de Hollande, qu'il avoit enlevés d'un magasin national pour les remettre à Genisset, qui lui en avoit, disoit-il, donné l'ordre écrit.

&ore au moment de sa dernière nomination : d'ailleurs son attachement à la République et à ses devoirs n'a jamais varié.

Ils disent enfin de Sauriat qu'*il est une créature de Pichegru ; que celui-ci l'a nommé commandant temporaire à Strasbourg, lorsqu'il se disposoit à livrer la France ; qu'il a donné à son illustre protecteur des fêtes brillantes après les élections, où assistèrent les autres députés ; et que là on but à la santé du futur maréchal de France* (1).

On ne peut porter plus loin le délire et l'imposture : Sauriat fut du nombre de ceux que l'enthousiasme de la liberté élança des premiers à sa défense ; ses talens, son courage, ses services lui valurent un avancement rapide. Simple volontaire, ses frères d'armes le nommèrent leur capitaine ; et successivement parcourant tous les grades, il devint général de brigade ; il cessa d'être employé par la multiplicité des officiers de ce rang ; il s'est retiré dans ses foyers avant la retraite de Pichegru : on ne pourroit le soupçonner d'être dans les projets de ce dernier ; il l'eût conservé.

Mais les dénonciateurs, les ambitieux ne redoutent pas les invraisemblances, les absurdités ; il faut tout suspecter, tout accuser. Vous tous, braves militaires, qui versez votre sang pour la patrie ; vous dont les sacrifices sont aussi nombreux que vos exploits sont au dessus de tout éloge, vous serez suspects aux yeux de certains hommes, parce que la reconnoissance de vos concitoyens vous appellera, à votre retour, aux fonctions publiques qu'ils ambitionnent ; on vous dira : Vous avez été de telle ou telle armée, commandée par tel ou tel général qui devint traître ; vous l'êtes aussi : quelle horrible perversité ! quelle noire ingratitude !

Nous ignorons si Pichegru a vu Sauriat à son passage à Poligny, cela cependant est possible ; mais deux choses sont également certaines : la première, que la fortune de Sauriat n'a pu lui permettre de donner à Pichegru des fêtes brillantes ; la seconde, qu'aucun de nous ne s'est trouvé à ces prétendues fêtes, et n'est même entré en aucun temps chez Sauriat.

On vient de voir dans ces différentes accusations portées contre les députés et les administrateurs du Jura, qu'il n'en est pas une à laquelle on puisse s'arrêter, ni même qui puisse mériter un examen sérieux.

C'est cependant sous de tels prétextes, et pour se faire des partisans, des créatures, que l'on tente d'enlever à Lons-le-Saunier l'administration centrale ; ce

---

(1) Ici, comme dans vingt endroits de leur réclamation, on pourra juger de leur astuce et de leur perfidie. On voit assez qu'on n'a pu réunir ici que très-insidieusement le titre de futur maréchal de France à la santé portée ; on n'en avoit pas même alors le soupçon.

sont les administrés que l'on voudroit vexer et punir pour les fautes momentanées *de quelques administrans destitués* : autant vaudroit-il dire qu'il faut déserter tous les pays où il a régné quelques orages passagers.

Lons-le-Saunier, placé au pied du mont Jura, entre la montagne et la Bresse, devient par son site le magasin et le dépôt habituel de toutes ces contrées ; tous les motifs qui peuvent déterminer de semblables emplacemens, se réunissent en sa faveur ; sa position, sa centralité (1), ses rapports commerciaux, ses routes nombreuses et faciles (2), l'abondance des vivres, la salubrité de l'air, ses ressources en tout genre ne permettent pas seulement d'élever à cet égard un doute raisonnable.

C'est après une discussion approfondie au comité de division, que l'emplacement du département y fut fixé ; sa position est si déterminante, à cet égard, que, sous l'ancien régime, son bailliage fut choisi *de préférence sur sept, pour former le siège d'un présidial.*

Que l'on consulte tous les députés envoyés dans ce département, tous ceux qui connoissent sa localité, ses rapports ; il n'en est pas un qui n'affirme que l'on ne peut élever sur ce point une question sérieuse (3).

La commune de Poligni, stimulée par ces hommes turbulens, a cru pouvoir saisir ces circonstances pour demander la préférence ; elle exagère à plaisir ses avantages ; elle présente en espérances incertaines et en possibilités éloignées tout ce que Lons-le-Saunier possède déjà en réalité ; elle a soin de taire que ses rapports commerciaux sont absolument nuls, que les habitans du département sont forcés de faire cent voyages à Lons-le-Saunier pour leur négoce et leurs différentes affaires, tandis qu'ils n'en font pas un seul à Poligni. On n'insiste pas plus long-temps sur un rêve de cette nature, ce seroit lui donner trop de consistance.

---

(1) Si on calculoit la centralité par le point géométrique, on la trouveroit à Château-Châlons, placé entre Poligny et Lons-le-Saunier, et plus rapproché de cette dernière commune ; mais en plaçant l'administration à Poligny, on l'éloigneroit notablement des habitans des montagnes des ci-devant districts d'Orgelet et de Saint-Claude, des villes de Saint-Amour, Arinthod, Orgelet, Clairvaux, Moirans, Saint-Claude, qui sont déjà pour la plupart à des distances considérables, et cela sans rapprocher dans une proportion équivalente les parties opposées du département. D'ailleurs Poligny ne pourroit, sous aucun titre, établir une véritable concurrence.

(2) Ses routes présentent l'aspect des rayons d'une étoile ; elles correspondent à Genève, à la Suisse, à Strasbourg, Lyon, Châlons, Mâcon, Tournu, et à tous les lieux où l'on peut établir des relations de commerce.

(3) Sont-ce cinq cent seize signatures surprises par nos détracteurs dans la vue de susciter des troubles, de calomnier les administrations et les députés, qui, sur une population de trois cent mille individus, peuvent mériter la moindre attention ?

Nous l'avons donc remplie cette pénible et dégoûtante tâche d'arracher jusqu'aux moindres replis du voile qui couvre l'horreur du crime ; nous avons fait connoître nos calomniateurs : cela seul auroit pu nous suffire.

Nous les avons démentis et confondus sur tous les points ; leur perfidie en tout genre est mise dans le plus grand jour ; ils n'échapperont plus.

C'est par des faits positifs, c'est par leurs propres écrits, c'est par les accusations respectives qu'ils ont portées les uns contre les autres, que l'on peut et que l'on doit les juger.

Qu'ils se persuadent bien que l'intérêt public, et le devoir d'éclairer nos collègues, ont pu seuls nous déterminer à ce dur et révoltant sacrifice : autrement nous les eussions laissés dans le mépris, l'abjection et l'opprobre où ils sont plongés depuis long-temps.

Nous n'entrerons pas ici en parallèle avec nos accusateurs ; nous en sommes dispensés à plus d'un titre.

Une fois connus, qu'ils cessent de se flatter de trouver des protecteurs ; ils ne pourroient en avoir que des méchans comme eux, et ils ne seroient point à redouter.

Signés, VERNIER, GRENOT, CHAMPION, FEBVRE et SAUVE.

BAUDOUIN, imprimeur du Corps législatif, place du Carrousel, n°. 662.

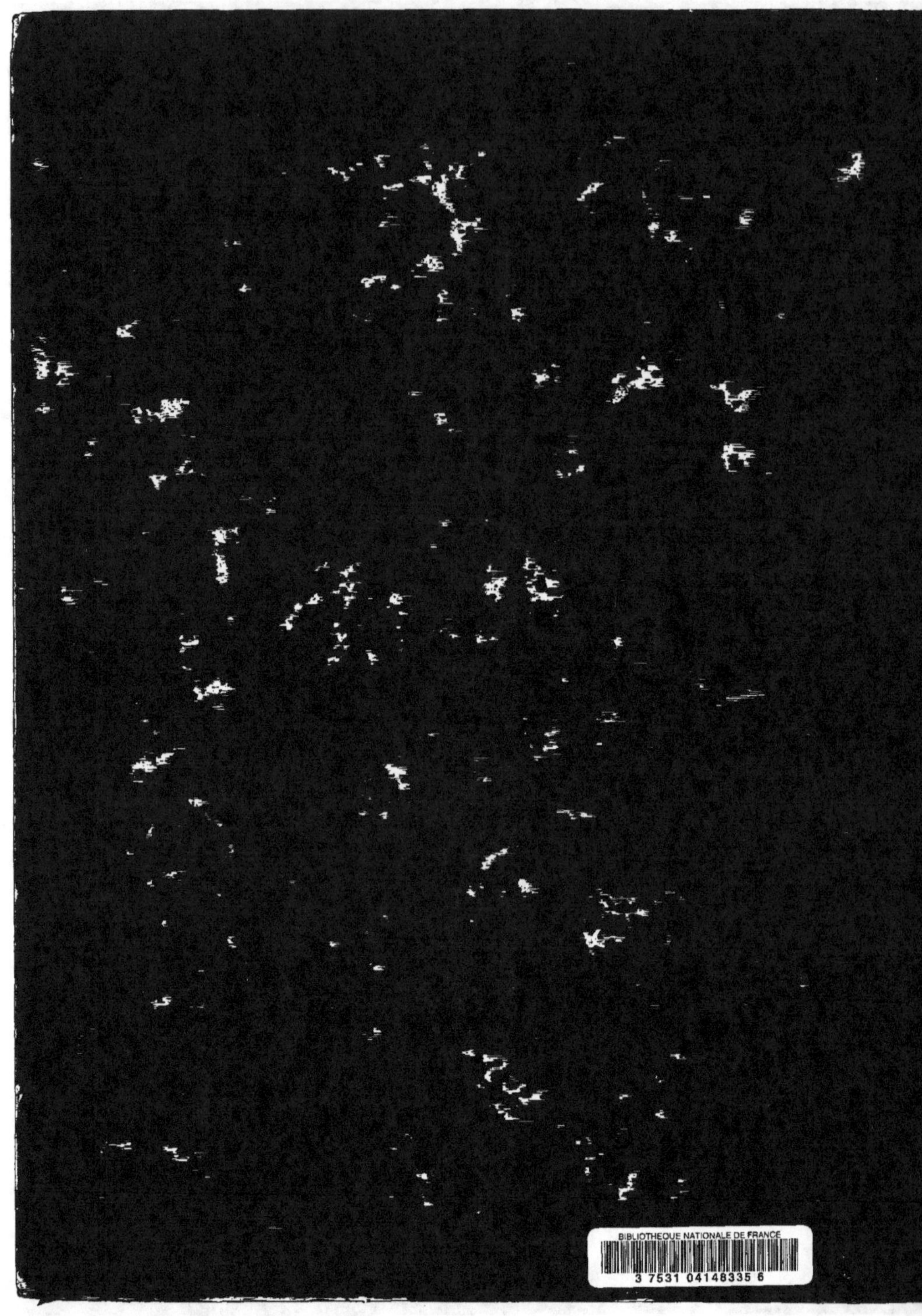